OH ! LA BELLE VIE

Éditrice : Julie Davidoux
Couverture : Augustin Manaranche
Dessins et couverture par Alain Pilon
Conception graphique – PAO : Nord Compo

Cet ouvrage rassemble les chroniques de François Morel publiées dans *Philosophie magazine* entre septembre 2020 et octobre 2023.

10, rue Ballu – 75009 Paris
www.philomag.com
contact@philomag.com
ISBN : 978-2-900818-38-1
Diffusion distribution : Harmonia Mundi Livre

François Morel

OH ! LA BELLE VIE

32 conseils
pour aller imperceptiblement mieux

Illustré par Alain Pilon

PHILOSOPHIE MAGAZINE ÉDITEUR

Avant-propos

Attention, ce livre est une immersion dans le passé, ni plus ni moins un document historique ! Il est né au fil des mois pendant cette période intitulée « le confinement ». Si on ne se donne pas la peine de plonger dans ce passé, si proche et déjà si lointain, on perd le sel des références ! À l'époque, souvenez-vous, on se saluait du coude, on accusait les baisers de tous les maux, on faisait de Mauricette une héroïne laïque et salubre, on interdisait aux libraires d'exercer leur métier, mais pas aux cavistes. Selon les jours, selon les stocks disponibles, on nous expliquait que le masque hygiénique était inutile ou indispensable.

Attention, ce livre n'est pas seulement un livre d'histoire ! Il est également un regard sur l'actualité la plus brûlante ! Le clergé tombe toujours des nues, Manuel Valls rêve toujours de revenir aux affaires, Brassens est toujours éternel. Déjà, le monde était détraqué, menaçant. On dirait que ça ne date pas d'hier…

Attention, ce livre est juste une fantaisie (mais vous vous en doutiez déjà), une envie de légèreté, au bord d'une piscine, un Bloody Mary à la main et une chanson de Sacha Distel (paroles de Jean Broussolle) qui tournerait en boucle : « Ô la belle vie, sans amours, sans soucis, sans problèmes... »

Ces chroniques sont parues dans *Philosophie magazine* entre septembre 2020 et octobre 2023. Mon plaisir mensuel était de découvrir comment Alain Pilon allait se débrouiller pour illustrer, décaler, éclaircir, enrichir mes chroniques. Je profite de l'occasion qui m'est donnée pour le remercier chaleureusement.

François Morel, juillet 2024

CONSEIL N° 1

Renonçons à l'hélicoptère pour les courts trajets

CONSEIL N° 1

Et nous voici dans le monde d'après. Ça fait tout drôle, hein ? Avant, souvenez-vous comme nous étions égoïstes, inconscients, individualistes, indifférents aux autres. Tous les jours, on nous parlait de catastrophes écologiques, de la douleur du monde. Tous les jours, nous écoutions benoîtement mais pensions à autre chose : Bouygues proposait un iPhone 27 avec encore plus d'applications disponibles, l'Apple Watch pouvait se régler en quarante-huit mensualités sans intérêts. Tout cela donnait évidemment à réfléchir. On se foutait de tout. On brûlait la planète par les deux bouts. On prenait la voiture pour aller chercher sa baguette, l'hélicoptère pour ramener des clopes, le Boeing 737 quand on avait besoin de se changer les idées. Heureusement, des gens fort conscientisés refusèrent haut et fort ce qu'ils appelèrent « le retour à la normale ». On avait du mal à comprendre cependant quelle pouvait bien être l'idée de la normalité chez toutes ces personnalités qui justement prenaient l'avion comme on se mouche, l'hélicoptère comme on éternue dans son coude. L'article fit grand bruit. Dans les bidonvilles de Bombay comme dans les favelas de Rio, on se repassait avec passion le journal fondé par ce bon vieux Hubert Beuve-Méry.

« Regarde maman, Cate Blanchett dit qu'il faudrait mettre la pédale douce sur les vols en jet. Il paraîtrait que ça pollue…

— V'là autre chose !

— Oui, et j'ai lu quelque part que Benjamin Biolay encourageait à ne pas manger de la viande tous les jours.

— Pas possible !

— Si. Ce qu'il faudrait aussi, selon Madonna, c'est débrancher les ordinateurs quand on ne s'en sert pas et ne pas laisser couler l'eau tout le temps qu'on se lave les dents.

— Là-dessus, on ne peut pas nous reprocher grand-chose, on n'a ni électricité, ni dents, ni eau courante. Tiens, va faire le tour des poubelles pour ramener des épluchures, on va essayer ce midi d'avoir le moins d'impact possible sur le réchauffement climatique. C'est Nicolas Hulot qui va être content. »

CONSEIL N° 1

Que voulez-vous, le monde d'après était essentiellement imaginé par des gens d'avant. Il n'aura donc fallu qu'un virus, un tout petit virus de rien du tout, pour que nous devenions tout d'un coup généreux, prodigues, empathiques avec la terre entière. Dans le monde d'après, supprimons les syndicats. Depuis des années, ils réclamaient plus de moyens pour les hôpitaux, des salaires plus élevés pour le personnel soignant. De concert, ils urinaient dans des instruments à cordes et dans l'indifférence générale. Un virus est arrivé, et des revendications ont été entendues. Élisons Rétrovirus à la tête de la CGT, Poxvirus à celle de FO et Mimivirus pour la CFDT. Nous n'avons pas encore tout vu, le monde d'après s'annonce prodigieux.

CONSEIL N° 2

Allons au musée Rodin afin de nous souvenir du baiser

C'est dans la première moitié du XXIe siècle que le baiser fut définitivement prohibé.

Les autorités, s'inspirant du bon roi Henri IV qui avait interdit le baiser afin d'éradiquer la peste, décidèrent qu'à nouveau, au temps du Covid-19, il fallait mettre au repos les muscles orbiculaires de la bouche. Certains esprits raisonneurs (il s'en trouve toujours) regrettaient que l'interdiction du baiser ait été plus facile à faire accepter aux populations que, par exemple, le contrôle des armes à feu aux États-Unis.

Il était acquis que le baiser était la source du mal. Porteur de maladies contagieuses, il était accusé de tous les maux. Il suffisait de le supprimer pour que le monde aille mieux. Le baiser, parfois abrité sous une porte cochère, n'était pas né de la dernière pluie. Certains prétendaient qu'il datait de la plus haute antiquité. Certains en avaient la nostalgie. Car le baiser, on a beau dire, n'avait pas laissé que de mauvais souvenirs. Certains prenaient plaisir à passer le meilleur de leur temps au musée Rodin et à admirer ce que l'État français avait commandé à l'occasion de l'Exposition universelle de Paris de 1889. Devant *Le Baiser* de Rodin, on entendait les soupirs du désir, on voyait couler les larmes du souvenir… Certains, se demandant si les réminiscences de cette époque heureuse quand les lèvres pouvaient s'approcher, se confondre, se mêler n'étaient pas trop douloureuses, pensaient qu'au temps de l'interdiction, il ne fallait ni remuer le couteau dans la plaie, ni la langue dans la bouche. Ainsi, on suggéra de réécrire les dialogues jugés trop suggestifs du film *Quai des brumes*…

« T'as de beaux yeux, tu sais, roucoulait Gabin.

— Tape-moi le coude, répondait Morgan.

— Nelly ! murmurait Jean.

— Tape-moi le coude encore », insistait Michèle.

Les gestes barrières ne facilitaient pas l'approche amoureuse. Puisqu'on ne pouvait plus s'approcher, il devenait difficile de faire des enfants. Sans baiser, l'amour devenait vain. C'est ainsi que la question de la reproduction était essentiellement réglée dans les laboratoires médicaux.

Philosophe contemporain, Alexandre Lacroix, du temps de l'ancien monde, écrivait dans *Contribution à la théorie du baiser* : « Rien n'est plus destructeur, à la longue, que l'oubli du baiser. » Suggérons-lui de corriger sa citation ainsi : « Rien n'est plus destructeur, à court terme, que la pratique du baiser. »

Gros bisous.

CONSEIL N° 3

Portons un slip

CONSEIL N° 3

L'obligation pour tous de porter un slip avait provoqué dans la population les réactions les plus diverses. Si la majorité des personnes comprenait les raisons qui avaient poussé les pouvoirs publics à imposer le port du slip, certains réfractaires n'entendaient pas baisser la garde sur ce qu'ils considéraient comme une atteinte insupportable à leur liberté individuelle.

« Personne, jamais, ne m'obligera à porter un slip ! » éructa, filmée en gros plan sur tous les écrans du monde, une chargée d'études marketing d'un grand groupe financier européen, tandis que le descendant d'une ancestrale famille écossaise expliquait doctement que depuis des générations, l'absence, sous le kilt, de tout sous-vêtement était, à ses yeux, plus qu'une coutume, une culture. Certains scientifiques exprimaient leurs réserves concernant le slip, craignant que la généralisation de son port ne provoque un empoisonnement par inhalation de ses propres gaz. La parole officielle n'avait que faire de ces atermoiements jugés réactionnaires.

« Le port du slip, selon le Premier ministre interrogé à l'Assemblée nationale, doit être la règle de base en lieu clos. »

Coup de tonnerre ! Saisissement ! Stupéfaction ! Les représentants de la nation étaient en ébullition.

« Je ne porte jamais de slips mais des culottes de peau, suis-je déjà, dans votre État liberticide, considéré comme un hors-la-loi ? » interrogea lyriquement le chef de l'opposition.

« Sera-t-il possible d'ôter son slip, par exemple, pendant son sommeil ou en compagnie de personnes proches et de confiance ? » questionna posément une députée de l'Orne, tandis qu'un élu de l'Hérault, des sanglots dans la voix, ayant en charge une partie de la gestion du littoral du Languedoc-Roussillon – et notamment du Cap d'Agde –, s'inquiétait pour l'avenir de sa région : « N'est-il pas envisageable d'imaginer, monsieur le Premier ministre, et je vous le demande solennellement, que certains endroits spécifiques puissent bénéficier d'une dérogation afin de ne pas porter atteinte à la vie économique et sociale de toute une population ? »

CONSEIL N° 3

Les questions étaient nombreuses, la plupart à l'étude. Certains mauvais esprits rappelaient qu'il n'y avait pas si longtemps, on doutait, en haut lieu, de l'efficacité du slip. Une responsable politique avouait benoîtement qu'elle ne savait pas comment enfiler un slip, alors que, expliquait-elle avec une fausse humilité, « elle-même était ministre ». Le personnel hospitalier, on s'en souvient, avait connu une pénurie de slips, alors que leurs bassins se situaient souvent à hauteur de malade.

La question sociale, évidemment, n'était pas en reste. Imposer le port du slip à tout le monde, partout et en tous lieux, d'accord, mais qui payerait la facture ? Certains, particulièrement optimistes, prédisaient qu'un jour futur, le slip serait rentré dans les mœurs et qu'on le commémorerait lors d'une gigantesque « fête du slip ».

Le présage était sympathique mais peu réaliste.

CONSEIL N° 4

Aimons-nous dans la glace

CONSEIL N° 4

S'aimer, ce n'est pas se regarder l'un l'autre, c'est se regarder dans la glace. En période de Covid, des médecins recommandent le sexe en solo. J'ai suivi leur conseil. J'en ai profité pour vivre une courte histoire d'amour avec moi-même. Je me suis rencontré par hasard et je n'ai rien fait pour chercher à me plaire. J'étais seul, sur le quai d'une gare. J'attendais un train. Je me suis regardé. Je me suis trouvé pas mal… Je me suis surpris à chantonner un air que j'avais justement dans la tête.

« C'est fou ce que je peux m'aimer, ce que je peux m'aimer, des fois, des fois je voudrais crier… »

Je me suis abordé. « Pardon, auriez-vous une cigarette ? » Je n'en avais pas non plus. « C'est mieux ainsi, j'essaie d'arrêter, me suis-je dit dans un sourire. — Moi aussi », me suis-je répondu, immédiatement complice. Quand je suis monté dans le train, j'avais la place qui m'était précisément dévolue. Par politesse, je me suis laissé m'asseoir à ma place. Le courant est tout de suite passé entre moi. Je me suis demandé si j'habitais chez mes parents. Je me suis dit que non. Ils étaient morts depuis longtemps.

« Et si nous allions chercher une bière dans la voiture-bar ? ai-je suggéré. — Pourquoi pas ? » ai-je approuvé, laconique. Dès la première tournée (j'avais pris deux bières, une pour moi, une pour moi), j'ai cité cette réplique de Prévert dans un film de Renoir : « Je me parle à moi-même parce que je m'estime. » J'ai souri, je partageais les mêmes références que moi. J'ai proposé tout de suite une seconde tournée de bières (une pour moi, une pour moi). Je ne voulais pas être en reste.

Arrivé à destination, je n'arrivais plus à me quitter. Je me suis proposé d'aller boire un dernier verre chez moi. J'ai un peu rougi mais j'ai tout de suite accepté. Le dernier verre fut précédé de plusieurs. Un peu ivre, sans un mot, je me suis dirigé vers la chambre à coucher. J'ai passé la nuit chez moi. Plus un mot ne fut prononcé, et, sur les conseils de médecins vigilants, je fis l'amour en solo. De façon un peu furtive, sans trop d'imagination, sans trop d'inspiration, ne tenant compte que de mon propre plaisir.

CONSEIL N° 4

Je me suis endormi très vite. Quand je me suis réveillé le lendemain matin, légèrement embrumé, j'ai ressenti une vague honte, une culpabilité insidieuse. J'étais seul dans mon lit. Tout était allé si vite. Je me suis dit que finalement je ne connaissais rien de moi, et j'ai eu le sentiment, un peu triste, un peu désemparé, comme tout un chacun sans doute, d'être seul au monde.

CONSEIL N° 5

Lisons tout ce qui nous tombe sous la main

CONSEIL N° 5

Quand les librairies sont fermées, c'est ennuyeux, bien sûr. Notamment pour les lecteurs. Qu'à cela ne tienne. Les livres ne sont pas les seuls objets de lecture. Afin que le lecteur ne soit pas abandonné comme un chien par un maître indélicat pendant les vacances, certains commerces autorisés font tout leur possible. Par exemple, Nicolas, le caviste, est ouvert. On peut lui demander son catalogue. Nicolas, bon prince, le délivre gratuitement. Alors, on tourne les pages et, déjà, on savoure…

« Prieuré de Saint-Jean-de-Bébian 2012… Sarget de Gruaud Larose 2016… Godeaux-Domaine Seguin-Manuel 2014… Hermitage Grand Classique 2016… La Chapelle Léognan 2015… Domaine de la Perrière 2017… »

Il faut lire le catalogue de Nicolas comme une anthologie poétique. Il faut lire le catalogue de Nicolas jusqu'à plus soif. Il puise son inspiration dans la terre, le terroir. Il évoque les paysages de pierres et de soleil, de vallons et de plateaux, de plaines et de collines. Il parle du temps qui passe et du poids des années. À la rusticité du domaine, il mêle la spiritualité de la chapelle et du prieuré. Parfois, il n'hésite pas à tordre le langage, à fracturer la langue quand il évoque le « Grand Classique ».

Oui, les poèmes de Nicolas parlent au cœur de l'homme qui a soif. Le buraliste en son bureau de tabac propose lui aussi de la lecture. Une poésie sans doute plus urbaine, plus métaphysique, qui, dans une scansion tragique, assène des mots comme autant d'uppercuts.

« Fumer tue ! Fumer provoque le cancer. Fumer provoque la cécité. Fumer provoque des crises cardiaques. Fumer provoque des maladies vasculaires périphériques. Fumer tue ! Fumer tue ! » Cependant, caviste et buraliste ne vous donnent pas entièrement satisfaction. Vous soutenez que, grâce aux livres, vous réussissez à vous évader, à voyager tout en restant confiné. Plaintif que vous êtes, vous vous lamentez ! Vous vous complaisez dans la pleurnicherie ! Alors que le paradis, si proche, si accueillant, vous tend les bras !

CONSEIL N° 5

Les magasins de bricolage ne sont jamais fermés. Ils vous feront perdre le goût de votre libraire et de votre librairie. Dans son catalogue Maison, *Leroy-Merlin* nous parle de la déco Ikigai, cette méthode venue du Japon, propice à la paix de l'esprit et au ressourcement, qui invite chacun à trouver sa « mission de vie ».

Franchement, vous en connaissez tant que ça des auteurs, des écrivains, des philosophes disponibles en librairies qui, aujourd'hui, proposent des « missions de vie » ?

CONSEIL N° 6

Lavons-nous les mains, mais n'oublions pas les pieds

De la pénurie de masques à la vaccination de Mauricette, on ne va quand même pas refaire l'historique de la communication des pouvoirs publics concernant le Covid-19 ? Si ? Bon d'accord. Mais alors vite fait.

Le masque jugé inutile quand on en manquait est devenu obligatoire depuis qu'on en a à profusion. Souvenons-nous de ces propos si ingénument condescendants :

« Et vous savez quoi ? Moi, je ne sais pas utiliser un masque. Je pourrais dire, je suis ministre… »

On aurait voulu rassurer cette personne : depuis un certain temps déjà, on avait compris que le fait d'être ministre ne trahissait aucune supériorité intellectuelle. N'en rajoutons pas. Patelinage et pataugeage ont été les deux mamelles de la France. Mais quand même, il ne faut pas tout critiquer.

Soyons indulgents (et miséricordieux aussi, pensons à cette pauvre Mauricette, qui en boucle sur BFMTV a bien dû recevoir quatre-vingt-sept injections). Saluons, par exemple, les pouvoirs publics concernant le lavage des mains. Dès le début, ils ont été irréprochables et n'ont pas changé de discours.

Une affiche explicative est d'ailleurs mise à votre disposition par le ministère de la Santé : « Se laver les mains à l'eau et au savon pendant trente secondes est la mesure d'hygiène la plus efficace pour prévenir la transmission de tous les virus. » (« Frottez-vous les mains, paume contre paume, lavez le dos des mains, lavez entre les doigts… »)

C'est bien de mettre l'accent sur le lavage des mains, mais (chaque médaille n'a-t-elle pas son revers ?) ne faisons pas l'impasse sur les pieds. Je n'ai pas entendu beaucoup de nos gouvernants rendre aux pieds les hommages qu'ils méritent dans la tragique période que nous traversons. Les pieds sont beaucoup moins responsables que les mains de la propagation du Covid-19. Dans l'épreuve, ils ont fait montre d'un civisme exemplaire, d'une dignité admirable. Un sens minimum de l'observation nous indique que le pied n'a jamais cherché à se tendre afin de saluer une connaissance. Le pied n'a pas non plus tenté de récupérer la petite monnaie chez le marchand. Le pied, en aucun cas, n'a consenti à gratter le nez, lors même que celui-ci démangeait. Grâce soit rendue au pied. Négliger le pied serait plus qu'une ingratitude, une faute.

Merci d'afficher les quelques lignes qui suivent dans vos lieux de vie :

« Se laver les pieds est une mesure d'hygiène pour le "mieux vivre ensemble".

Frottez vos pieds l'un contre l'autre. Ils seront amenés ainsi à mieux se connaître, à mieux se comprendre. (Souvent dans la journée, enfermés dans leurs chaussures respectives, les pieds vivent des existences parallèles et solitaires.)

Lavez entre les doigts de pied.

Lavez les pouces, les ongles, le bout des doigts de pied, sur le dessus et le dessous aussi.

Séchez-vous les pieds avec une serviette ou à l'air libre.

Préférez les coins à champignons dans la forêt de Fontainebleau que dans vos pantoufles. »

Vive les pieds ! Vive la France ! Vive Mauricette !

CONSEIL N° 7

Préparons l'après-guerre

Dans sa déclaration du 16 mars 2020… (je me souviens, j'étais à Toulon, le soir, j'avais joué au théâtre, ensuite, avec l'équipe et des amis, on était allés au restaurant. Sans le savoir, on vivait des expériences formidables, merveilleuses), à douze reprises, le président Macron avait prononcé l'expression « Nous sommes en guerre ». Je n'étais pas trop fier. Je me suis demandé : « Il exagère ? » C'était avant l'expérience du couvre-feu. Maintenant, je m'y suis fait. Je ne sors jamais sans mon casque chirurgical.

Jusque-là, je ne sais pas vous, mais moi, j'avais toujours réussi à éviter la guerre. En tout cas, la guerre de proximité, celle qui dévaste tout, les maisons, les églises, les monuments, celle qui détruit les ports, les villes, celle qui bombarde les routes, les ponts, les voies de chemin de fer, celle qui anéantit les vies et puis qui, pendant des années, occupe encore toutes les conversations des dimanches en famille et alimente pendant des siècles la production littéraire, cinématographique.

Oui, car la guerre a quand même un avantage, c'est qu'elle précède toujours l'après-guerre. Et qu'est-ce qu'on fait quand c'est l'après-guerre ? On rigole ! On se marre ! On mâche des chewing-gums. On rattrape le temps perdu.

Et puis, on se la raconte. On en fait une épopée. On se rêve héros. Tant qu'à faire.

Mesdames, messieurs, j'ai la joie de vous annoncer que l'après-guerre est pour demain. Quand je dis demain, c'est une façon de parler. Demain, on aura encore l'obligation de rester chez soi. Mais l'après-guerre est imminente. Quand ? C'est une question de mois, d'années, de décennies, de siècles... Mais après, ça va déménager ! On ne va pas arrêter de vouloir tourner le dos au malheur, à la misère, à la tristesse que nous connaissons présentement !

Exactement comme ceux qui sortaient de la guerre de 1870 fréquentaient *Le Chat noir* de Montmartre et découvraient Alphonse Allais et Charles Cros, précisément comme ceux qui cherchaient à oublier la guerre de 1914-1918 et inventaient les Années folles, Joséphine Baker, le jazz et le shimmy, pile-poil comme ceux qui, après 1945, passaient leurs soirées jusqu'à pas d'heure dans les caves de Saint-Germain-des-Prés à écouter Boris Vian à la trompinette, à danser avec Juliette Gréco, à faire de l'œil à Jean-Paul Sartre.

Vous allez voir comme on va se marrer. Même les rappeurs écriront des trucs drôles, légers, pleins d'esprit. Ce sera à nouveau l'âge d'or des théâtres, des cabarets, des music-halls et des cafés-concerts.

Profitons de la période pour recharger les accus. Tisane, soupe, sieste, courte promenade autour du pâté de maisons... Et à 21 h 30 au lit.

Il ne s'agit pas d'aborder l'après-guerre avec des cernes sous les yeux, parce que, bientôt, dès le début de l'après-guerre, je vous préviens, on ne va plus arrêter de s'amuser !

Je veux finir ma vie avec Alphonse Allais, Joséphine Baker et Boris Vian.

Vivement l'après-guerre !

CONSEIL N° 8

Soignons la carte de nos restaurants clandestins

CONSEIL N° 8

Le monde est essentiellement divisé en deux catégories : les autres et moi. Les autres doivent porter un masque, tousser dans leur coude, respecter les gestes barrières, ne doivent jamais se réunir à plus de six, ont l'obligation de déserter les lieux publics. C'est normal. Tout le monde le comprend. Il s'agit de ne pas diffuser la pandémie.

Et puis, il y a moi. Moi, c'est différent, moi, je me connais, moi, je suis un peu à part, moi, je ne suis jamais malade. En plus, moi, je connais du monde, du beau monde en plus. Du monde un peu comme moi. Du monde qui s'arrange. Du monde un peu au-dessus des contingences souvent vulgaires, un peu au-dessus des lois.

Voyez-vous, c'est normal que je participe à des soirées privées, car mon métier est essentiellement basé sur la rencontre humaine. Je n'y peux rien. Je suis un type particulièrement sociable. Quand je déjeune, je travaille. Quand je dîne, je bosse. Manger, c'est mon gagne-pain. Quand je me tartine du caviar, ça fait partie de mon activité professionnelle. Quand je trempe mes lèvres dans une coupe de champagne, vous croyez que je suis en train de rigoler ? Non, je suis en plein brainstorming.

C'est ça que les gens ne comprennent pas. (Quand je parle des gens, je parle des autres, ceux qui n'ont pas mon entregent, ceux qui sont petits, jaloux, ceux qui risquent de propager la maladie.)

En plus, ce que j'aime dans la vie, c'est le danger. J'ai la nostalgie des émotions fortes. Depuis l'époque bénie, souvenez-vous, ça fait une paye, où j'avais dû transporter un cochon entre la rue Poliveau et la rue Lepic, je commençais à m'ennuyer un peu. (À propos, j'ai rencontré M. Jambier récemment, d'un commerce toujours aussi agréable, toujours sympathique, ses affaires marchent de mieux en mieux, il s'est agrandi, il organise des soirées dans sa cave...)

Ne croyez pas que je sois incapable de civisme. Depuis le début de la pandémie, je ne m'assois jamais à côté de mon chauffeur. Toujours à l'arrière.

CONSEIL N° 8

Bien sûr, je ne prends jamais le métro. Jamais le bus non plus.

D'ailleurs, je ne comprends pas qu'on laisse les gens s'entasser dans les rames sans aucun souci de distanciation sociale. C'est là qu'il faudrait aller faire des contrôles, à Barbès, à Châtelet, à Strasbourg-Saint-Denis, sur le coup de 8 heures du matin, aux alentours de 6 heures du soir. Depuis toujours, on est bien obligé de le constater, ce sont les salauds de pauvres les plus dangereux.

Au restaurant clandestin, il faut savoir bien choisir son menu. Pour la viande, j'opte toujours pour un bœuf ou un poulet à l'étouffée. En dessert, je commande un mystère.

Et en entrée, d'office, je prends un avocat. Je risque d'en avoir sacrément besoin.

CONSEIL N° 9

Écrivons des lettres anonymes

CONSEIL N° 9

Les soirées sont longues. Pour peu que l'on ait épuisé tous les programmes disponibles sur Netflix, OCS, Canal+, Disney+, on se dit : « Tiens, on écrirait bien un petit Tweet pour se venger. » Se venger de quoi ? De tout, de rien. De son malaise. De sa médiocrité. Ça occupe.

On insulte. On injurie. On outrage. On invective. On se réconforte comme on peut. Ça peut tomber sur son voisin, son collègue, son médecin, son boulanger. Ou alors une personnalité un peu connue. C'est bien aussi une personnalité un peu connue. Le message a plus de chances d'être repris. On traite la personne de tous les noms. On peut s'inspirer de l'actualité : « pédophile », « islamo-gauchiste », « sale Juif » également. (Il y a des formules qui ne vieillissent pas.) Ça soulage.

Mais ça ne soulage pas longtemps. C'est vite écrit. Vite lu. Vite partagé. Vite oublié. Alors on écrit un autre Tweet, si possible encore plus insultant, encore plus abject, encore plus odieux. Ça fait sa soirée. Parfois, sa semaine. Parfois, sa vie.

L'avantage de la lettre anonyme à l'ancienne,

c'est qu'elle mêle la joie de la délation au plaisir du travail manuel. Il faut se munir d'une paire de ciseaux, de colle et de vieux journaux. On fait du découpage, du collage. On dispose les lettres, on s'amuse avec les couleurs des gros titres. On fait œuvre de création. Oui, simplement de la colle, des ciseaux, des journaux, et l'on peut réaliser des merveilles !

Écrire une lettre anonyme est un excellent apprentissage pour développer la dextérité, la concentration, mais également l'apprentissage de sa langue, de la grammaire et de l'orthographe.

Vous remarquez que votre voisin a une voiture d'origine étrangère plus puissante que la vôtre et que sa femme est attrayante. Légitimement, vous vous dites que vous avez le droit d'être énervé. Alors, une à une, vous découpez les lettres dans votre quotidien préféré. Je vous laisse le temps de choisir vos lettres. (N'hésitez pas à utiliser un dictionnaire ou le site Wiktionnaire si vous trouvez ça plus simple…)

« A L o R s e s p è c e d e s a l o p d a n s
t a b a g N o l e d e c h l e u h t u s é p a
s q u e t a F E M M E t e f a l t c o c u… »

Passons à la correction.

Attention, « salaud » au masculin finit par « -aud » même si le féminin est « salope » (raffinement de la langue française…). Si vous ne savez pas écrire « chleuh », vous pouvez utiliser le mot « boche ». Quant au verbe « savoir », il serait avantageux de réviser sa conjugaison.

Parfois, après avoir procédé au découpage, au collage, à la mise en page, comme ça prend un peu de temps, on se rend compte de ce qu'on est en train de faire. On mesure son ignominie et, finalement, on décide de jeter la lettre au panier.

Voilà pourquoi, amis délateurs, calomniateurs, diffamateurs, insulteurs, salisseurs en tout genre, plutôt que le Tweet sous pseudo, choisissez la lettre anonyme à l'ancienne qui a tant fait ses preuves par le passé.

CONSEIL N° 10

Optons pour les télévacances

CONSEIL N° 10

Voici les vacances et leur cohorte de désagréments, dont je n'ai pas besoin de vous dresser la liste (mais je vais le faire quand même...).

Voici donc les vacances d'été et leur cortège de contrariétés inévitables. Les embouteillages, les enfants qui se disputent à l'arrière des voitures, les sandwichs sur les aires d'autoroute, les méduses, les viandes calcinées sur les barbecues, les insolations, les échardes, les moustiques, les serpents dans les fougères, les souris dans les placards, les rats dans les greniers aménagés, les araignées dans les maisons de location et les bambins noyés dans les piscines privées sont autant d'évènements qui, momentanément, peuvent légèrement assombrir une période traditionnellement destinée au repos, au farniente, à la rigolade.

En réalité, toute personne honnête en conviendra, les vacances sont des mauvais moments à passer.

Heureusement, grâce aux télévacances, plus besoin de voyager pour occuper ses congés payés. Puisque vous avez adoré le télétravail, optez pour les télévacances. Grâce à Internet, à votre téléphone portable, vous n'avez plus besoin de vous déplacer pour profiter des supposés plaisirs de l'été. Une serviette étalée au milieu du salon. De la crème solaire. La radio à pleins tubes. Les apéros qui traînent en longueur. Les déjeuners à pas d'heure. Et bien sûr, le haut débit pour se connecter à une plage, à une boîte de nuit enfiévrée ou, si vous êtes de gauche, à un chemin de grande randonnée, à une rivière perdue dans les Cévennes.

Faire le GR 20 en restant chez soi est désormais possible. Un documentaire sur votre home cinéma, et vous, tel l'amoureux de la nature et des efforts que vous êtes, crapahutant sur un tapis de marche inclinable, profitant ainsi de la Corse sans les Corses.

Rien ne vous empêche, par ailleurs, de griller des saucisses sur le balcon, de lâcher un rat dans la chambre à coucher, d'utiliser votre lampe bronzante un peu trop près afin d'attraper des coups de soleil ou de noyer vos bambins dans la baignoire. La période des vacances doit rester un champ d'expériences nouvelles, une façon d'enrichir votre vécu par des épreuves inédites.

Car le vrai plaisir des vacances, c'est d'en revenir et de pouvoir les raconter dès la rentrée près de la machine à café. Si aucun désagrément ne vous est arrivé, soyez raisonnable, vous n'aurez rien à raconter à vos collègues.

Vous me direz, dès le mois de septembre, vous retrouverez la solitude du télétravail et n'aurez par conséquent aucune occasion de croiser vos collègues.

C'est juste. Vous avez raison.

Gardez donc vos enfants au sec.

CONSEIL N° 11

Arrêtons de nous tâter !

CONSEIL N° 11

Ça va arriver vite maintenant. Il n'y a plus de temps à perdre. On est déjà en septembre. Autant dire que dans un an, l'état de grâce pour le (ou la) nouveau (ou nouvelle) président(e) sera terminé depuis déjà un bon bout de temps. Vous avez remarqué : le temps s'accélère. Le type est élu. Aussitôt, il repart en campagne. Il n'a pas tort. Il est meilleur quand il est candidat que quand il est élu.

Toujours est-il que l'échéance approche. Le mieux, ce serait de dire maintenant quelles sont vos intentions. Dans huit mois, je vous le rappelle, il sera trop tard pour vous poser la question. Eh oui ! C'est le moment d'abattre les cartes, d'abréger le suspense, de cracher le morceau. La question à laquelle il va vous falloir répondre, c'est si, oui ou non, vous voulez être candidat à la présidence de la République.

(De moins en moins de personnes se déplacent pour aller voter, mais de plus en plus de clampins s'imaginent diriger la France. C'est un paradoxe français.)

Vous vous tâtez... La présidence de la République, ça a des avantages mais aussi des inconvénients. L'Élysée, comme pied-à-terre à Paris, c'est pas mal, bien placé, spacieux. En plus, il y a un parc. L'été, on peut manger dehors. Ça doit même être possible d'installer un barbecue... Quand on est président(e), on n'a plus besoin de faire les courses, le ménage, la vaisselle, d'aller porter la voiture au garage...

D'un autre côté, c'est quand même une vie de patachon : levé tôt, couché à pas d'heure, être obligé de porter un costume du matin au soir, de faire des ronds de jambe à longueur de temps... Bref, vous vous tâtez...

Souvent, vous vous dites : « Après tout, je ne serais pas pire qu'un autre... » On voit la hauteur de vos ambitions. Surtout que vous n'êtes pas un bleu. De la politique, vous en faites depuis des années. Quand vous preniez l'apéro, au *Bar des sports* ou au *Balto*, avec P'tit Louis, Marcel, Jeannot, il n'était pas rare que vous commenciez vos phrases par : « Moi, si j'étais le gouvernement... »

CONSEIL N° 11

Depuis la multiplication des chaînes d'information en continu, vous ne prenez plus l'apéro avec les copains mais dans les studios de la télé. Vous êtes invité comme consultant. Mais vous êtes resté le même. Vous commencez toujours vos phrases par : « Moi, si j'étais le gouvernement… »

En ce qui me concerne – parce que, évidemment, je me suis moi aussi posé la question –, j'ai décidé, cette fois encore, après une période de réflexion, de consultations diverses, de passer mon tour. C'est donc décidé, et je vous le dis dès à présent et très solennellement : je ne me présenterai pas en 2022 à la présidence de la République. Et je le dis sans regret ni amertume. Question de responsabilité – de stratégie, surtout.

Je préfère être un recours dans cinq ans quand la situation sera encore pire.

CONSEIL N° 12

N'oublions pas l'anniversaire de l'oncle Georges

CONSEIL N° 12

Ce conseil-là est un pense-bête : n'oubliez pas l'oncle Georges ! C'est bientôt son anniversaire. 100 ans, vous avouerez, ça se fête. 100 ans, ça fait déjà pas mal de temps passé qui est toujours joli une fois qu'on a cassé sa pipe. 100 ans, ça fait déjà un bon paquet de temps gagné auquel on paye la gabelle un grain de sel dans les cheveux. 100 ans, ça fait du temps perdu qui tue le temps comme il peut.

Du fait qu'il est né le 22 octobre 1921 – même si, comme moi, vous n'êtes pas spécialement fortiche en calcul –, vous arriverez assez vite à une conclusion à laquelle, sans trop de difficultés, je suis parvenu : oncle Georges a 100 ans de façon imminente.

Il est né dans cette ville de Cette qui, depuis, a eu le temps de changer de nom pour devenir Sète. Un adjectif démonstratif comme ville natale pour un poète qui l'était si peu, c'était presque une faute de goût.

Oncle Georges a 100 ans et il n'attend rien de vous. Pas de fleurs, pas de cadeaux ni de bougies sur le gâteau. Oncle Georges n'a besoin de rien. Il a déjà l'éternité. Oncle Georges a 100 ans, et évitez de lui présenter des clichés du genre « Vous ne les faites pas ». Oncle Georges fait son âge, celui de l'humanité tout entière, celui de l'Auvergnat, de la fille de joie et du petit cheval de Paul Fort. Serait-il fier si, en se cotisant, on lui apportait la postérité en offrande ? Pas sûr. La plus belle récompense, ce serait peut-être qu'un enfant, dans cent ans, se mette à fredonner l'un de ses couplets, en ignorant le nom de l'auteur, sans savoir, comme disait l'autre troubadour occitan, pour qui battait son cœur.

Oncle Georges a donc 100 ans et il est mon chanteur préféré depuis toujours. Depuis que j'ai l'âge d'écouter des chansons. Depuis que je goûte le plaisir d'un mariage quand il est réussi, quand il est heureux, entre des paroles et des notes qui ne s'étaient jamais rencontrées et qui se trouvent avec une telle évidence qu'on dirait qu'elles se connaissaient depuis toujours. Il est mon chanteur préféré depuis que j'ai l'âge d'apprécier sa façon si particulière de dire des énormités sans en faire des caisses, d'exprimer ses colères sans élever la voix, de chanter les grands sentiments sans se croire obligé de faire l'œil de velours.

C'est l'anniversaire de Georges, et remarquez, si par mégarde, par négligence, vous étiez amené à l'oublier, je crois bien qu'il ne vous ferait pas de reproche. Je crois même qu'il s'en foutrait. De son vivant déjà, il n'était pas trop porté sur la bienséance.

Oncle Georges a 100 ans. Oserais-je dire ici qu'il est aussi mon philosophe préféré ? Sa philosophie, certes, ne dispense pas forcément de lire les grands penseurs. Elle se résume en une phrase qui m'amuse et me ravit, me console et m'éblouit : « Gloire à qui n'ayant pas d'idéal sacro-saint / Se borne à ne pas trop emmerder ses voisins. »

CONSEIL N° 13

Embarrassons-nous du choix

CONSEIL N° 13

Bien évidemment, je suis d'accord avec vous, ça fait tout de même beaucoup : des écolos, des fachos, des socialos, un coco, un trotro, des rigolos... Sans compter les répus, les farfelus, les Européens convaincus (ceux-là, pas spécialement en nombre).

Enfin, quand même, ça fait du monde.

Et on entend déjà les plaintes, les griefs, les jérémiades... La lassitude.

Mais, au bout du compte, comment voulez-vous qu'on s'y retrouve ? Ils ne pourraient pas s'entendre entre eux ? On n'y comprend plus rien.

La boîte aux lettres comme la boîte mail vont encore être pleines de programmes, de tracts, de professions de foi. Ça va déborder. On n'en peut plus.

La confusion, le chaos, le bazar, le bordel.

C'est vrai, c'est le bordel. Comme dans la tête de chacun. Un vrai gros bordel.

Mais comment ils font, les autres ?

Les autres (certains autres), ils sont moins embêtés.

Chanceux Russes : Vladimir Poutine, en mars 2018, était presque le seul candidat à sa succession à la présidence du pays. Vingt ans de règne, quatrième mandat. Ses opposants sont empoisonnés ou emprisonnés. La situation est plus claire.

Bienheureux Coréens du Nord : un seul candidat désigné par le parti unique, et le vainqueur en cette année 2021 est encore le sémillant Kim Jong-un. Bravo ! Magnifique !

(Les régimes autoritaires, on a beau dire, quelle économie de temps, d'énergie, de débats, de parlottes en tout genre !)

Veinards Tchadiens : Idriss Déby est élu dans un climat d'intimidation. Les candidatures d'opposition, de diverses manières (ici, l'imagination est vraiment au pouvoir), sont empêchées. Déby est élu, et puis, patatras ! assassiné ! Mahamat Déby, le fils, reprend le pouvoir à la tête d'un régime militaire. Tout est bien qui finit bien.

Fortunés Syriens : Bachar el-Assad est élu à

plus de 95 % face à deux candidats approuvés. Top, Bachar !

Prospères Iraniens : Ebrahim Raïssi est élu dès le premier tour. C'est vrai que, afin de ne pas compliquer la situation, ses rivaux n'avaient pas été autorisés à se présenter.

Béats Béninois : Patrice Talon est élu au premier tour. (Il faut dire que les deux candidats face à lui étaient inconnus mais de la même tendance que lui.)

On continue ?

Votons bien en mai prochain (élections présidentielles de 2022). En tout cas, votons au mieux.

Et vive le bordel !

Oui, en France, c'est le bordel. Mais a-t-on trouvé mieux pour que la démocratie s'exprime ?

Parce que, dites, rassurez-moi, vous n'avez pas abandonné l'idée de la démocratie ?

CONSEIL N° 14

Tombons des nues

CONSEIL N° 14

L'histoire de Jésus est incroyable. Un garçon dans la force de l'âge, la petite trentaine, élancé, sportif, pas bête... Les cheveux au vent, la barbe de trois jours, décontracté... En plus de ça, sympathique, séduisant, doux, brillant. Alain Delon à côté de lui, c'est Paul Préboist !

Et non seulement ça, mais d'une habileté inouïe. Un prestidigitateur d'une virtuosité indépassable, capable de faire des tours ahurissants, multipliant les petits pains, transformant l'eau en vin, marchant sur l'eau... Et puis, surtout, capable de réapparaître plus vivant que jamais trois jours après avoir été crucifié, une couronne d'épines sur la tête. Mieux que la malle des Indes ! Mieux que la femme coupée en deux ! David Copperfield à côté de lui, c'est Garcimore !

C'est bien simple, rien qu'en pensant à Jésus-Christ, on a inventé le mot « christique », comme plus tard on a inventé « gaulliste » en référence au général, ou « dupontaignaniste » en référence au particulier. (Vous ne trouvez pas qu'il est un peu particulier Dupont-Aignan ?)

Toujours est-il que l'histoire de Jésus n'a jamais été mise en doute par les prêtres de l'Église catholique. Pourtant, quand on y pense, c'est rare les gars crucifiés qui ressuscitent.

« Sans déconner, monsieur le curé, vous y croyez vraiment, à l'histoire de la résurrection ? »

Si vous avez le malheur d'être un peu défiant, voire légèrement dubitatif, vous vous faites salement remettre à votre place.

« Enfant de Satan ! Impie ! Mécréant ! Comment oses-tu remettre en cause la parole de Dieu ? Tu seras damné et mourras en enfer ! »

Bon, ne vous énervez pas, monsieur le curé, je posais juste une question… C'est vrai qu'à force de lire des infox sur Internet, on finit par devenir forcément un peu méfiant. On ne peut pas tout prendre pour argent comptant. Il y a tellement de malfaisants qui s'amusent à manipuler un public un peu fragile sur les réseaux sociaux.

Ce qui est beau, monsieur le curé, c'est comment vous avez réagi au moment où le rapport Sauvé a été rendu public. Vous êtes tombé des nues. Vous ne pensiez pas que ça avait pris de telles proportions.

C'est marrant : l'histoire de Jésus qui a plus de deux mille ans, vous ne l'aviez jamais remise en cause, et l'histoire de tous ces petits souffre-douleur violés, abusés, qui depuis pas mal d'années tentaient de se faire entendre, vous n'arriviez pas à y croire. Vous trouviez ça abusif quand des petits martyrs se disaient abusés.

Vous aviez la crédulité partiale.

Tombons des nues, monsieur le curé.

C'était si agréable, pourtant, de s'élever au-dessus de la réalité, de voyager dans l'allégorie, de tutoyer les étoiles, d'enlacer la légende, d'étreindre son rêve, d'embrasser ses chimères…

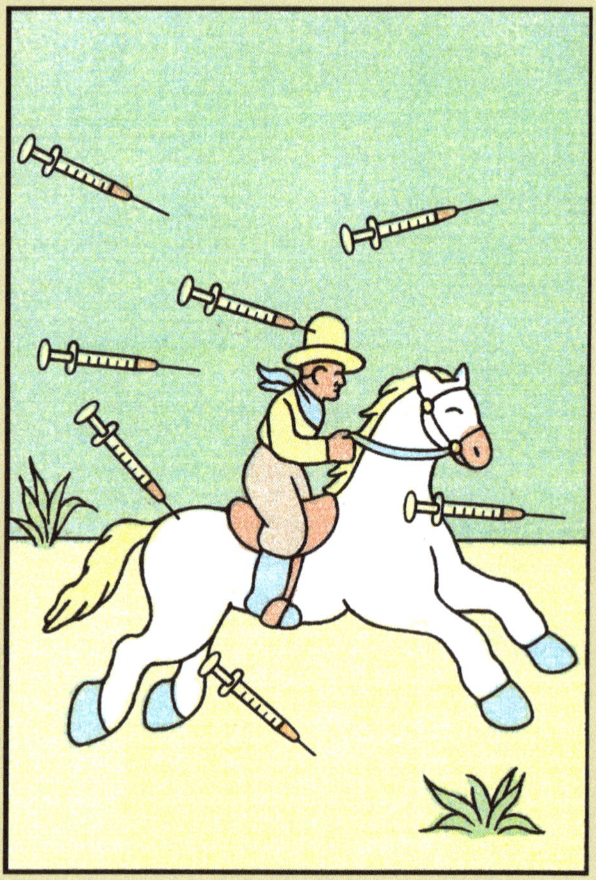

CONSEIL N° 15

Vaccinons-nous

CONSEIL N° 15

C'est l'hiver, vaccinons-nous. Il n'y a plus une minute à perdre. Il faut se vacciner, je vous dis !

Contre la sinistrose, la mélancolie des arbres nus, des ciels gris, des matins frisquets, des nuits qui, en plein milieu de l'après-midi, tombent beaucoup trop tôt, des jours qui, bien après les tartines grillées et le café au lait, se lèvent beaucoup trop tard, du givre sur les vitres, des trottoirs glissants et des cœurs emmitouflés.

Vaccinons-nous. Ce n'est plus le moment de tergiverser. Il faut se vacciner, je vous le répète !

Contre le nez qui coule, le ru qui gèle, le cul qui pèle.

Contre la nostalgie des Noël d'antan, la mélancolie du souvenir, quand les enfants étaient petits, quand les parents étaient valides, quand les enfants crédules, entre espérance et crainte, excitation et fatigue, attendaient le père Noël.

Vaccinons-nous. Comment il faut vous le dire ? Il faut se vacciner. (Oui, je sais, j'insiste.)

Contre la galette des Rois quand elle s'éternise jusqu'en février, contre l'écœurement de la frangipane, contre les adultes qui refusent de tricher en gardant la fève pour eux, alors qu'il est si simple de la laisser aux enfants à qui ça fait tellement plaisir.

Vaccinons-nous en général contre tout ce qui fait mal, qui fait peur, qui fait chier.

Vaccinons-nous en particulier contre la rancœur, la rancune, l'amertume, l'hostilité, la haine. Contre les discours rances, les pensées moisies, la saloperie banalisée.

Vaccinons-nous. (S'il vous plaît. C'est pour notre bien.) Contre le découragement, le désenchantement, la tristesse, le chagrin, la désespérance.

Vaccinons-nous. Vaccinons-nous. Vaccinons-nous. Combien de fois faut-il vous le dire ?

Contre la connerie, on aimerait bien. Mais comment faire ? Et puis, qui peut se dire complètement immunisé ? Pas vous. Pas moi. Personne. Contre la connerie, il faudrait se faire piquer tous les jours. Les vagues sont incessantes, les doses seraient éternellement insuffisantes. Avantage : ce n'est pas la connerie qui sature les hôpitaux. Mais les stades, les rues, Internet...

Vaccinons-nous.

Contre le Covid ? Oui, j'ai bien l'impression qu'il faudrait aussi. Mais je ne voudrais surtout énerver personne.

CONSEIL N° 16

Enivrons-nous

CONSEIL N° 16

Voici un conseil prodigué par M. Baudelaire, Charles de son prénom : « Il faut toujours être ivre. »

Notons que M. Baudelaire n'a jamais été ministre de la Santé. Sinon, il aurait su mettre en avant que la consommation d'alcool représente un enjeu public majeur en France, puisqu'elle est à l'origine de quarante-neuf mille décès par an.

Quarante-neuf mille ! Chaque année en France, c'est *grosso modo* comme si la ville de Laval, d'un coup d'un seul, disparaissait. À cause de la bibine. Ça fait drôle. (Vous me direz, avec la communauté de communes Laval Agglomération, il resterait quand même plus de quarante mille habitants répartis dans les vingt communes environnantes... Je vous félicite pour votre connaissance de la démographie mayennaise, tout en vous avertissant que vous vous éloignez de mon sujet.)

Charles Baudelaire n'est pas M. Véran. Peu de gens, il faut être juste, les confondent. Charles Baudelaire, donc, nous invite à nous enivrer. Pas à nous saouler, pas à nous torcher, à nous murger, à nous biturer, à nous cuiter, à nous arsouiller, à nous beurrer le p'tit Lu, à nous saouler la gueule. Non, à nous enivrer : « Pour ne pas sentir l'horrible fardeau du Temps qui brise vos épaules et vous penche vers la terre, il faut vous enivrer sans trêve. »

Le mieux est de boire jusqu'à plus soif. Le monde est désespérant, la situation désespérée : enivrons-nous ! La vie est sans issue, la mort inéluctable : enivrons-nous ! La campagne présidentielle (de 2022) est accablante, les perspectives sont décourageantes : enivrons-nous !

Seulement, M. Baudelaire ne dit rien comme tout le monde. Sinon, il ne s'appellerait pas M. Baudelaire. Il s'appellerait, je ne sais pas, moi, M. Véran, comme tout le monde. Il faut s'enivrer, écrit-il, « de vin, de poésie ou de vertu, à votre guise ».

S'enivrer de vin, c'est plutôt courant. S'enivrer de poésie, c'est déjà plus rare : on était entre copains, on a sorti un Verlaine de derrière les fagots, un Hugo hors d'âge, un Rimbaud millésimé... Le lendemain, on n'était pas beau à voir. Ce qui nous a fait du mal, c'est le dernier vers d'Apollinaire avant d'aller se coucher…

Mais s'enivrer de vertu ? Il faudrait se perdre dans la force morale et l'exigence d'une conduite exemplaire ? S'enivrer d'abstinence, de frugalité, de tempérance ? Tous les bons vivants vous le diront : la sobriété est dangereuse pour la santé, elle est à consommer avec modération.

« Pour n'être pas les esclaves martyrisés du Temps, enivrez-vous ; enivrez-vous sans cesse ! »

Enivrons-nous ! À notre guise.

CONSEIL N° 17

N'abandonnons pas la connerie aux seuls automobilistes !

CONSEIL N° 17

Jadis, le con voyageait dans sa voiture. Il utilisait la puissance de son moteur pour pallier son insuffisance, sa lâcheté, sa médiocrité. Le con était humilié par sa femme, ses enfants, son chef de service. Il était ratiboisé par son percepteur, ses commerçants, ses maîtresses. Il était rabaissé par son patron, son député, son confesseur. Il était déçu par son président de la République. C'était un brave con.

Ni plus ni moins.

Il n'avait jamais gagné au Loto, jamais trouvé le tiercé dans le bon ordre. C'était un pauvre con.

Son chien le regardait d'un air maussade, son chat refusait ses caresses. Le con était non seulement frustré, minable et automobiliste, mais, surtout, le con se sentait malheureux. C'était un triste con.

Il ne disait pas un mot plus haut qu'un autre, sauf dans l'habitacle de son véhicule où, devenant *illico* un sale con, il s'exprimait essentiellement par injures : « Va donc, eh connard ! », « Avance, eh ducon ! », « Mais tu vas la dégager ta poubelle, gros con ? ».

Parfois, il se permettait un trait d'humour. Un seul, toujours le même : « Dis donc, ton permis de conduire, tu l'as eu dans une pochette-surprise ? » Pour un drôle de con, c'était un drôle de con.

À chaque carrefour, l'automobiliste invectivait ce con d'automobiliste qui, venant de la rue perpendiculaire, s'était engagé au risque de le bloquer, tandis que lui-même, dès qu'il le pouvait, s'engageait au risque de bloquer le conducteur venu de la perpendiculaire et qui l'invectivait, le traitant de con.

Parfois, il écrasait un cycliste, un piéton, un vieillard ou un enfant sur le bas-côté. Le con faisait peur.

Et puis le con, se multipliant, fut invité à laisser, autant que possible, sa voiture au garage. Lui qui pestait de ne plus pouvoir avancer dans sa voiture pesta contre ceux qui voulaient l'empêcher de se plaindre de ne plus pouvoir pester dans sa voiture.

Afin de rendre la ville plus sereine, on imagina de favoriser l'usage des pieds, des roues de patinettes, des bicyclettes, des rollers pour avancer harmonieusement et se déplacer paisiblement sur la chaussée.

Mais l'harmonie n'apparut pas, la sérénité resta chez elle.

Sans doute préparé par de longues années d'embouteillages, d'hystérisation de la voie publique, le citadin – qu'il fût piéton, cycliste, automobiliste ou adepte de n'importe quel objet roulant – adopta la connerie comme seule manière de se comporter sur la chaussée. Les cyclistes passaient au feu rouge en insultant les piétons qui traversaient sur les passages cloutés quand ils en avaient envie en faisant des gestes obscènes aux automobilistes, eux-mêmes toujours aussi cons.

C'est à cette époque que les partisans de la bienveillance et du « vivre-ensemble » étaient moqués, regardés comme des cons.

BZZZZ
BZZZZ
BZZZZ

CONSEIL N° 18

Soyons sympas, devenons ministres

CONSEIL N° 18

C'est l'époque où les téléphones risquent de chauffer. Le président de la République vient d'être élu (en mai 2022). Il nomme un Premier ministre. Le Premier ministre fait des listes. Qui au Budget ? Qui à la Défense ? Qui à l'Éducation nationale ? Qui à la Culture ?

Jadis, devenir ministre ressemblait à une consécration, au couronnement d'une carrière. Tous ceux qui pouvaient prétendre à un poste ministériel restaient auprès de leur téléphone. Le téléphone, je le rappelle, était alors un gros objet beige ou gris, posé sur le guéridon du salon. Il était à cadran rotatif. Son avantage était double : il était fixe (on ne passait pas sa vie à le chercher), et personne n'aurait eu l'idée de prendre des selfies avec.

Aujourd'hui, quelqu'un de normalement constitué n'a pas du tout envie de devenir ministre. On passe sa vie en obligations, en réunions, en inaugurations. On se fait pourrir sur les réseaux sociaux. On a l'obligation de tout dévoiler : ses biens, son patrimoine, ses amants, ses maîtresses, ses assurances vie. Si l'on est trop transparent, remarquez qu'on vous le reproche aussi. Benjamin Griveaux risque peu de redevenir ministre. (Si Maurice Couve de Murville n'a jamais pris en photo ses parties génitales avec son téléphone gris ou beige posé sur le guéridon de son salon, c'est aussi parce qu'à l'époque, c'était matériellement impossible de le faire.)

Valérie Pécresse avait exprimé son souhait de confier le ministère de la Francophonie à Leïla Slimani, le ministère de la Défense à Pierre de Villiers, le ministère de la Jeunesse et des Sports à Teddy Riner. « Rien ne me ferait plus horreur », a répondu l'écrivaine ; Pierre de Villiers a déclaré : « Je ne serai pas le ministre de la Défense de Mme Pécresse » ; Teddy Riner a réagi par un smiley : « Mort de rire. » Nicolas Dupont-Aignan avait envisagé de confier un ministère à Jean-Pierre Pernaut. Jean-Pierre Pernaut *illico* s'est inscrit aux abonnés absents.

Plutôt mourir que de devenir ministre. Pourtant, il en faut. Soyez sympa, quand le Premier ministre va vous appeler tout à l'heure, ne le rejetez pas comme un vulgaire démarcheur téléphonique tentant de vous refourguer une véranda ou une assurance, genre : « Non, ça ne nous intéresse pas ! Arrêtez d'emmerder les gens ! »

S'il vous plaît, restez poli. D'autant qu'il y a toujours une solution. Si vous ne voulez pas être ministre, soyez gentil, n'en dégoûtez pas les autres.

Heureusement, il existe toujours des oiseaux rares capables et désireux d'endosser la fonction. Personnellement, à la Défense, je verrais bien un homme expérimenté et volontaire comme Manuel Valls. Aux Affaires étrangères, un homme énergique et chevronné – je pensais à Manuel Valls. Au Budget, un homme sérieux et déterminé : Manuel Valls. À la Culture, à l'Éducation nationale, à l'Artisanat, à la Justice, à la Santé, à la Condition féminine ?

Oui, Manuel Valls, ce ne serait peut-être pas une mauvaise idée…

CONSEIL N° 19

Prenons le large

CONSEIL N° 19

Comme on voulait refaire la cuisine, on est allés au magasin de bricolage. On a hésité entre plusieurs sortes de pinceaux. Il y en avait de toutes les tailles, de tous les formats, de toutes les épaisseurs. On hésitait. Finalement, ma femme a dit : « Prenons le large ! »

Et je me suis dit : « Oh oui ! T'as raison, prenons le large ! »

On est partis, on a tout laissé en plan, la liste des courses, l'escabeau, les pots de peinture, et on s'est barrés.

À la caisse, on a entendu un client très impliqué dans la géopolitique reprocher à Sandrine, une jeune caissière, de faire le jeu de Poutine en vendant du matériel de bricolage à Moscou. Sandrine était embêtée. Elle ne savait pas trop quoi répondre. Elle a dit qu'elle allait appeler un responsable.

On est partis. On a pris la voiture. On a roulé le temps qu'on a pu. On est tombés en panne. On n'avait plus d'argent pour faire un plein. On a continué à pied. On est allés jusqu'à la mer. On s'est baignés. J'ai dit : « Et si on traversait l'Atlantique ? — Chiche ! » a dit ma femme. Quand on est arrivés dans le port de New York, on était épuisés. « Ça fait une trotte, a fait ma femme. — T'as raison », j'ai confirmé.

Alors, on a trouvé une plage, Coney Island, et on s'est allongés. Au bout d'un moment, comme on n'avait plus trop envie de nager (on avait eu notre dose), on a entrepris de construire un château de sable. Moi, je faisais le gros œuvre, ma femme les finitions. Au bout d'un moment, ça a commencé à avoir de la gueule : toutes ces tourelles, ces remparts, ces douves, ce pont-levis, ces meurtrières et ce chemin de ronde ajouré par des mâchicoulis donnaient vraiment une impression de travail soigné.

Ma femme a dit : « Ce qui serait bien, ce serait de poser un drapeau en haut de la plus haute tourelle. — C'est sûr, j'ai dit, seulement on aurait dû emporter l'escabeau du *Casto*… — Bah, tant pis », a dit ma femme, et elle s'est jetée sur le château pour l'écraser.

« De toute façon, je lui ai dit, un escabeau, ça nous aurait encombrés pour traverser l'Atlantique. — C'est sûr », elle a acquiescé.

CONSEIL N° 19

Au bout d'un moment, on commençait à avoir faim. Faut dire, la natation plus le chantier sur la plage, ça creuse. On s'est installés dans un restaurant. Un serveur s'est approché de nous. Il a dit : « Ah ! Par contre, je suis désolé, mais on ne prend pas les clients en maillots de bain. »

Ma femme, qui n'est pas spécialement polyglotte, a dit : « C'est marrant, je comprends bien l'américain. — Pareil, j'ai confirmé. En plus, j'ai dit au serveur, vous n'avez pas du tout d'accent ! — Ah non, mais moi, je ne suis pas du tout américain, je fais un stage professionnel dans le cadre d'un programme d'échange. En fait, je suis originaire de Pierrelaye, pas loin de Pontoise. Si ça se trouve, vous connaissez ma sœur, elle s'appelle Sandrine, elle est caissière chez *Casto.* »

Ma femme et moi on s'est regardés. Comment prendre le large quand le monde est si petit ?

CONSEIL N° 20

Redescendons sur Terre

CONSEIL N° 20

Je me demandais où j'allais partir en vacances. Je n'avais pas beaucoup de temps. J'hésitais. La Côte d'Azur ? Pas question : il fait trop chaud, il y a trop de monde. La Bretagne, c'est joli entre les averses. Et puis, entre nous, les vacances, ça va cinq minutes… Au début, c'est marrant, le dépaysement, les bermudas roses, les transats sur la terrasse, les salades de tomates… mais, très vite, on s'aperçoit qu'il faut survivre sur un territoire qui n'est même pas couvert par la 5G.

Les vacances, vous serez d'accord avec moi, c'est essentiellement une perte de temps. Je ne parle pas seulement des routes encombrées, des attentes dans les gares ou dans les aéroports, mais je pense à tout ce temps perdu à lire des livres, à marcher dans la campagne, à jouer au Mölkky, à nager dans la mer, à faire des folies de son corps, à voir ses amis…

Alors, je me suis dit : « Tiens, cette année, si je partais dans l'espace ? »

Pas con. L'avantage d'un voyage dans l'espace, c'est que ça ne dure pas trop longtemps. Dix minutes à tout casser.

Des vacances de dix minutes, ça, c'est bien ! C'est efficace, pratique. Pas besoin de faire ses valises, pas besoin de les défaire à son retour. Pas besoin d'emporter du change, des vêtements pour la pluie, pour la marche, pour la plage, pour la randonnée... Même pas besoin de prendre une brosse à dents.

Donc, j'ai appelé Jeff Bezos, je lui ai dit : « Bonjour monsieur Bezos, voilà, je serais intéressé pour réserver un voyage dans votre fusée.

— Bien sûr mon François, qu'il me dit tout à trac, je prends tout de suite ta réservation. (Ce qui est bien avec les Américains, c'est qu'ils sont tout de suite cordiaux, chaleureux, pas fiers...) Tu vas voir, qu'il poursuit, c'est un beau voyage, tu ne seras pas déçu ! »

Il m'a expliqué qu'on irait juste au-dessus de la ligne de Kármán.

« Ah ! d'accord », j'ai fait, comme si je savais de quoi il me parlait. J'ai regardé sur Internet : la ligne de Kármán, c'est le début de l'espace selon la convention internationale. « Tu vas voir, qu'il m'a dit, tu seras à 100 km au-dessus de la Terre, je vais te mettre côté hublot, tu pourras profiter du paysage, admirer la courbure de la planète. À un moment, si tu veux, tu pourras te détacher de ton siège pendant quelques instants, histoire de flotter en apesanteur.

— Super mon Jeffy, je lui fais. Et je paye comment ? Parce que, je veux te mettre à l'aise, je tiens absolument à participer aux frais, c'est normal…

— T'inquiète pas pour ça, je t'envoie un bulletin d'inscription, tu auras tous les renseignements nécessaires. »

Quand j'ai vu combien ça coûtait, je me suis dit que j'allais encore réfléchir. Parce que 500 000 dollars, c'est sans compter les faux frais. Il faut quand même y aller au Texas. Surtout que, si j'y vais, ce sera en bateau ou à bicyclette, mais pas en avion vu que je veux diminuer mon empreinte carbone.

Finalement, la Bretagne, même pendant les averses, c'est joli.

LA VIE EN
ROSE
LA VIE EN
ROSE
LA VIE EN
ROSE

CONSEIL N° 21

Chantons ! Dansons !

CONSEIL N° 21

Chantons sous la pluie ! Chantons sous l'orage ! Chantons dans la bourrasque et sous la neige, chantons sous la grêle ! Chantons dans la tourmente et la tornade, chantons dans les cyclones et les ouragans ! Chantons dans les décombres, parmi les ruines et les ravages !

Chantons ! Chantons !

Chantons à gorge déployée, à tue-tête, chantons comme un pinson, comme un rossignol, comme un serin, chantons comme un ténor ! Comme Caruso, comme la Castafiore. Chantons fort, chantons faux ! Chantons comme des seringues, comme des savates, comme des casseroles, comme des cocottes, comme des lèchefrites, mais chantons !

Dans le désastre, parmi les miettes et la poussière, chantons ! Et dansons aussi !

Dansons la gigue et la java, dansons la valse et le tango, dansons le jerk, dansons le slow, dansons de joie, la farandole, dansons le funk et la gavotte, dansons *La Carioca*, *La Carmagnole*, dansons sous les volcans, sous l'Etna, sous le Stromboli, sous la Soufrière, sous le Hunga Tonga, sous le Mauna Kea, sous le Mauna Loa, sous le Nyiragongo, sous l'Eyjafjallajökull ! (Parfois, je ne regrette pas que ces chroniques soient uniquement destinées à la publication et ne fassent l'objet d'aucune lecture publique...)

Chantons le soleil et la mer ! Chantons l'amour et l'amitié ! Chantons le temps qui passe, le temps qu'il fait. Chantons un baiser. Chantons la vie, chantons la mort ! Chantons la pluie, les éclaircies, chantons l'enfance et la vieillesse, chantons la joie et la tristesse.

Chantons ! Et dansons aussi !

Dansons jusqu'au bout de la nuit, dansons en rythme, à contretemps, à petits pas, à pas comptés, les mains sur les hanches... Dansons joue contre joue, comme si sur la terre il n'y avait que nous. Dansons la capucine. Ah ! Oui, n'oublions pas de danser la capucine, d'autant que s'il n'y a pas de vin chez nous, il y en a chez la voisine. Ce qui, vous en conviendrez, est une information qu'il faut prendre en compte.

Chantons en chœur, dansons en rond.

CONSEIL N° 21

Chantons ! Dansons ! Rions ! Vivons !

Pour conclure ce texte, qui, vous l'aurez compris, est une simple manifestation d'encouragement à l'occasion de la rentrée qui pointe (par hasard, en aurait-on besoin ?), rappelons-nous ce poème minuscule de Jacques Prévert que Jean-Louis Trintignant aimait citer :

« Il faudrait essayer d'être heureux, ne serait-ce que pour donner l'exemple. »

CONSEIL N° 22

Soyons à la fête

CONSEIL N° 22

Ne perdons aucune occasion de célébrer, de festoyer, de ripailler. N'oublions pas que la France est le pays de Jack Lang et de Patrick Sébastien, de Régine et d'Amanda Lear, de Roselyne Bachelot et de Carlos, d'Éric Ciotti et de Manuel Valls (rayez les mentions inutiles). Pots de départ, pots d'arrivée, enterrements de vie de jeune fille, enterrements de vie de garçon, verres de l'amitié… Si n'importe où – au bureau, en famille, à la messe, au syndicat, au club échangiste – vous avez la tête ailleurs pendant une conversation et que, tout d'un coup, on vous sollicite pour obtenir votre avis, plutôt que de rester bouche bée, lancez joyeusement : « Ça s'arrose ! » Neuf fois sur dix, on trouvera votre proposition tout à fait à propos.

Un petit récapitulatif des prochaines riboul-dingues ?

En novembre, on fête les saints, en décembre le petit Jésus, en janvier les Rois mages, en mars les grands-mères (du moins, celles qui auront passé l'hiver). En avril, on fête à la fois Pâques, les rameaux et les secrétaires, en mai les mères, en juin les pères, en juillet (le 14) la nation, en août la bière – qu'on pourrait également célébrer, je suis d'accord avec vous, le 2 novembre, jour de la fête des Morts.

En septembre, souvenez-vous, c'était la rentrée, on n'avait pas trop le cœur à la fête (sauf les piétons le 22, puisque c'était la journée sans voitures, et le 23 les indécis et les cumulards, puisque c'était la journée de la bisexualité).

Mais, au mois d'octobre, l'esprit de fête revient au galop ! Grosse bamboula chez les Rose, les Véronique, les Marjolaine, les Marguerite, les Anémone, les Églantine, les Daphné ! (J'en oublie mais je ne peux pas les citer toutes.) Oui, partout en France, ce seront les fêtes des plantes.

Le moment de dénicher les plantes rares, d'échanger, de prendre conseil…

Ce que je me demande néanmoins, c'est comment elles vont faire, ces plantes, pour être partout à la fois ? Aux Plantomnales de Brest et aux Florales d'automne du pays du Ruffécois ? À Forcalquier et à Brazey-en-Plaine ? À Gonfreville-l'Orcher en Seine-Maritime et à Domfront en Poiraie dans l'Orne ? La fête des plantes de Domfront en Poiraie existe depuis octobre 1993, déjà, comme le temps passe. Entre nous, c'est la plus belle, la mieux fréquentée. La jardinière de Domfront en Poiraie est ambrée comme un poiré nouveau que l'on goûte au tonneau. Ses joues sont roses comme une pomme calville rougie par le soleil prudent du pays normand. Le mari de la jardinière s'appelle le jardinier. Il a la parole rare mais le sourcil broussailleux. Leur amour est vivace. Dès que l'on a le dos tourné, ils se greffent, se bouturent, se marcottent. Enfin, bref, ils s'arrosent et se multiplient. Ils n'ont pas besoin de dire quoi que ce soit pour se comprendre et se protègent l'un et l'autre comme des appellations d'origine.

En octobre, les plantes ne vont plus savoir où donner du pistil. Ce sera leur fête à Mennetou, à Fronton, à Léognan et à Verrières-le-Buisson.

Aux plantes qui me lisent, j'adresse mes meilleures pensées et leur souhaite les meilleures fêtes des plantes qui soient. Cependant, prenez soin de vous, ménagez-vous. Tâchez de ne pas trop vous surmener.

Ce serait quand même dommage d'aborder l'hiver en étant crevé.

MONDIAL
2022

CONSEIL N° 23

Ne boycottons pas la bière

CONSEIL N° 23

Tous les supporters vous le diront : l'accessoire indispensable, le *nec plus ultra*, quand on s'intéresse au football, ce n'est pas le ballon, c'est la canette.

On a eu chaud, si j'ose dire. On a poussé une suée. On a pu croire que l'alcool serait interdit aux abords des stades du Qatar lors de la Coupe du monde de football (de 2022). Vous vous rendez compte du traumatisme ?

Mais non ! Finalement, la bière sera bien permise. Ouf !

Bien sûr, sous certaines conditions. Attention, personne, assistant depuis les tribunes des stades de la Coupe du monde qatarie 2022, ne pourra se croire à la Fête de la bière de Munich. Si l'on est muni d'un billet, on pourra acheter son breuvage trois heures avant le début du match et encore une heure après le coup de sifflet final. Sympa.

Ça veut dire quoi ? Ça veut dire tout simplement que le Qatar fait des efforts pour complaire à la société occidentale, libertaire et décadente. Le Qatar a mis de l'eau dans sa bière. Ça veut dire que l'émir, dans sa bonté, son libéralisme, son ouverture d'esprit, a voulu montrer son envie d'organiser une grande et belle fête du sport. Magnanime, l'émirat a bien voulu faire preuve de compréhension vis-à-vis de nos coutumes ancestrales et corrompues.

Malgré ce geste pacificateur, certains trouveront encore à redire. (Il y en a, faut être juste, qui ne sont jamais contents.) Ils diront que l'organisation de ce Mondial est une aberration écologique, que la climatisation des stades à ciel ouvert est une absurdité particulièrement scélérate au moment où l'on demande aux citoyens de faire des efforts de sobriété. Oui, bon, là, j'avoue que la remarque peut être entendue... Ce signal lancé à l'humanité qui commence à souffrir des effets du changement climatique n'est peut-être pas idéal. Autant siffler la fin de l'abondance à cheval sur un jet-ski.

Mais je vous pose la question : certains n'ont-ils pas tendance à systématiquement chercher la petite bête ?

Bien sûr, on peut regretter que des milliers d'ouvriers aient trouvé la mort pendant la construction des stades, on peut désapprouver que des travailleurs migrants aient été expulsés. (Mais il est juste aussi de noter, à la décharge des autorités qataries, que ces travailleurs migrants exprimaient le désir, au bout de plusieurs mois de travaux forcés, d'être payés…)

On peut également ne pas spécialement apprécier que l'homosexualité, au Qatar, soit passible de sept années de prison ou de la peine de mort quand on est musulman.

Oui, bon d'accord, mais réjouissons-nous, ne boudons pas notre plaisir : aux abords des stades, une canette de bière sera possible.

(Personnellement, je n'aurai aucun mal à boycotter le Mondial de football 2022, puisque, n'étant pas intéressé par le foot, j'ai déjà, sans le savoir, sans le revendiquer, boycotté la plupart des précédents mondiaux.)

En revanche, boycotter une bière, ça jamais !

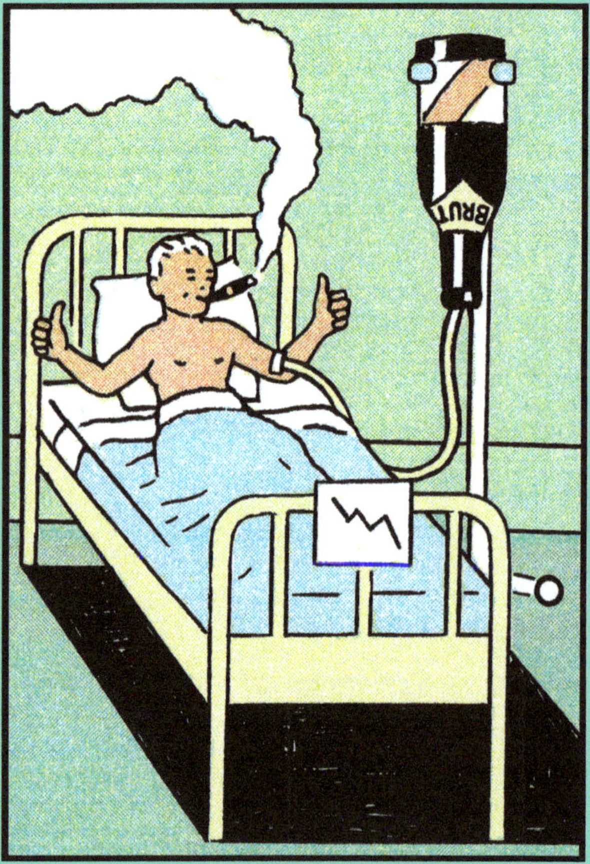
BRUT

CONSEIL N° 24

Brûlons la chandelle par les deux bouts

Oui, le mieux, dans un contexte anxiogène, c'est de ne faire aucune concession à la prudence, à la modération, à la tempérance.

Puisque le *Titanic* sombre sans espoir, réclamons à l'orchestre de jouer encore plus fort.

Lorsque, au sommet de l'État, on invite à la sobriété, la meilleure réponse reste donc de brûler la chandelle par les deux bouts.

Dès la salle de maternité, quand vous venez à peine de pousser votre premier vagissement, quand vous êtes encore tout sanguinolent, avant même la première tétée, réclamez une coupe de champagne. Du meilleur. Millésimé. Idéalement, de l'extra-brut. (Choisissez un champagne à fines bulles. Vérifiez que l'équilibre entre acidité et sucrosité soit impeccable.)

Proposez à la sage-femme de trinquer avec vous. Par exemple, dites-lui : « Martine, soyez assez gentille pour reporter les premiers soins que vous aviez l'intention de me prodiguer. Jouissons ensemble de ce moment de joie auquel correspond ma venue sur terre. La pesée, les mensurations, la coupe du cordon ombilical peuvent attendre, ne croyez-vous pas, Martine ? » N'hésitez pas à faire preuve de reconnaissance vis-à-vis de cette première personne qui aura permis votre passage de l'ombre utérine à la lumière de la vie extérieure. « Allons Martine, je vous en prie, faites-moi l'honneur de participer à cette petite cérémonie improvisée, assoyez-vous et buvons ensemble ! » (Il ne faut naturellement prénommer la sage-femme Martine qu'à la condition que la sage-femme se prénomme effectivement Martine. Il vous appartient d'adapter ces conseils à chaque situation particulière. Si la sage-femme se prénomme Amina, Janine, Marcel, appelez-la par conséquent Amina, Janine, Marcel.)

Après une bonne série de décennies (huit, neuf, au-delà si vous en avez la force), n'hésitez pas à faire preuve de la même vitalité si c'est possible, en tout cas de la même convivialité, de la même chaleur, de la même audace, sur votre lit de mort.

Si, déjà, on a placé des bougies autour de votre lit pour favoriser le recueillement de ceux qui viendront vous rendre une dernière visite, profitez de la flamme vacillante pour allumer un dernier cigare. Au cas où vous posséderiez une belle boîte de Montecristo, de Cohiba ou de Bolivar, c'est l'occasion de lui faire un sort. Proposez-en tout autour de vous : au prêtre qui vient vous donner les derniers sacrements, au médecin qui vient avec un peu d'avance s'assurer de votre décès, aux proches, aux amis, à la famille... Pensez également à déboucher une dernière bouteille de champagne.

Il serait délicat, si elle vit toujours, d'inviter Martine (ou Amina, Janine, Marcel) pour cet ultime moment de partage. Ce sera l'occasion de faire des comparaisons bienvenues : « Ah ! Tiens, il est encore meilleur que la dernière fois... », l'opportunité pour Martine (Amina, Janine, Marcel) de faire les dernières vérifications nécessaires : « Au fait, est-ce que j'avais bien coupé le cordon ? »

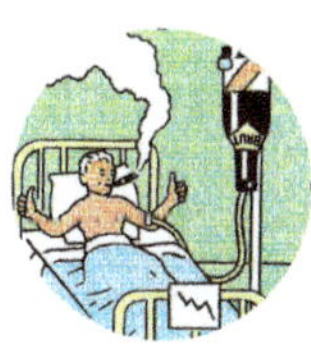

CONSEIL N° 25

Optons pour le covoiturage

CONSEIL N° 25

Vous attendez un enfant et vous avez le goût des chiffres ronds. D'une manière générale, les chiffres ronds vous rassurent. Apparemment, vous tenez ça de vos parents qui avaient patiemment attendu le 1er janvier 2000 à minuit pile pour s'embrasser sur la bouche, alors que dès le 23 décembre 1999 – donc à une date moins marquante –, ce rapprochement aurait déjà été envisageable. Il y a quelques mois, au début de votre grossesse, consultant l'évolution de la démographie mondiale, vous vous êtes dit : « Tiens, ce qui serait bien, avec un peu de chance, c'est que l'enfant que je porte soit pile le huit milliardième habitant de la planète. »

Pour l'enfant à naître, arriver sur terre et, d'emblée, du jour au lendemain, devenir le huit milliardième Terrien, c'est tout bénef. Imaginez : il n'a encore rien fait de sa vie (juste, il est né) et, déjà, il est sorti du lot. Déjà, il est l'objet d'un intérêt particulier. L'ONU promet une bourse d'études pour le gamin et, j'imagine, un cadeau pour les parents, genre un vélo électrique, une batterie de cuisine, une encyclopédie, avec peut-être même en prime un petit reportage sur France 3 Régions.

Le six milliardième enfant de la planète se prénommait Adnan, il était né à Sarajevo.

Pour le sept milliardième, il y a eu litige. Pas mal de pays l'ont revendiqué : l'Inde, la Russie, les Philippines... Forcément, plus il y a de monde sur terre, plus c'est difficile de départager...

Bon, j'ai horreur de décevoir, mais pour le huit milliardième enfant de la planète, c'est déjà plié : il a poussé son premier vagissement aux alentours du 15 novembre 2022. Il est chinois, afghan, russe, coréen, croate, égyptien, érythréen, finistérien... Il se prénomme Tao, Baqir, Dimitri, Jung, Goran, Osiris, Al-Bachara, Fanch... Le vôtre, au mieux, ce sera le huit milliards deux cent cinquante-cinquième ou le huit milliards deux cent vingt-sept mille vingt-troisième Terrien. Bref, aucun intérêt.

Je pourrais vous dire de patienter un peu et de viser le neuf milliardième habitant de la planète, mais il n'arrivera pas avant 2049, quelque chose comme ça... Si votre enfant est déjà en route, il est plus raisonnable – et pour vous et pour lui – d'accoucher avant.

Le dix milliardième enfant, lui, naîtra à la fin du siècle. Ce sera peut-être l'arrière-petit-enfant de celui dont vous allez accoucher dans les jours qui viennent. C'est sur lui qu'il faut tout miser. C'est lui qui va nous apporter la félicité et des solutions pour régler les deux, trois problèmes qu'il va devoir affronter.

Faisons confiance aux générations futures et aussi optons pour le covoiturage.

CONSEIL N° 26

Prenons la bonne « bonne résolution »

CONSEIL N° 26

Ça fait déjà plus d'un mois qu'on a abordé l'année 2023, et il est temps pour moi de dresser un premier bilan concernant ma bonne résolution de début d'année. En ce qui me concerne, il semblerait qu'il s'agisse d'un échec. Du genre cuisant.

À mon âge (avancé, je dois l'avouer), j'ai fait une erreur de débutant : j'ai voulu prendre une bonne résolution quasiment inatteignable.

Je vous révèle ma bonne résolution ? Vous n'allez pas vous moquer de moi ? Tant pis ! Après tout, je m'en fous, vous pouvez bien faire comme vous voulez, si ça vous amuse d'humilier quelqu'un déjà à terre...

J'avais pris la bonne résolution d'utiliser un peu moins mon téléphone portable.

Je sais, c'est ridicule.

Attention, je n'avais pas pris la résolution d'y renoncer, non, je ne suis pas complètement fou, mais de l'utiliser un peu moins.

Y renoncer, franchement, ce serait impossible, rien que pour réserver des billets de train, des billets de théâtre, pour lire le journal, pour regarder des séries, pour écouter la radio, de la musique, pour se renseigner sur la météo (eh oui, c'est important de savoir si, le matin, on met plutôt un short ou un bermuda – un bermuda, c'est plus raisonnable, on est quand même en hiver), rien que pour prendre des photos, pour activer mon *contact tracing* sur TousAntiCovid, pour recevoir et envoyer des mails.

Rien que pour passer des coups de fil ! Mais oui, bien sûr, on n'y pense pas, ça sert aussi à ça un portable !

Enfin, résultat des courses, fiasco, désastre, débandade : je suis autant accroché à mon portable en février 2023 qu'en décembre 2022. Si ce n'est pire. Parfois, je me dégoûte...

Ce qu'il faut dire, et vous serez d'accord avec moi si vous êtes un petit peu honnête, c'était trop ambitieux comme bonne résolution. J'aurais dû affiner.

Me dire : j'utilise mon portable quand j'en ai besoin, c'est-à-dire tout le temps, oui, d'accord, mais quand même, dans certaines situations ou à certaines occasions, je le lâche. Par exemple, aux toilettes. Je pourrais très bien décider de ne pas emmener mon portable aux toilettes. (En même temps, c'est aussi bien d'occuper ce temps-là pour jouer au Scrabble en ligne quand vous êtes seul plutôt que quand vous êtes en compagnie...) Pendant l'amour, c'est pas mal de laisser son portable sur la table de nuit plutôt que de le tenir à la main. (Oui, je suis d'accord avec vous, sauf si vous avez envie de faire un selfie ou si vous voulez vous souvenir d'une position compliquée, ou si vous avez installé l'application vibromasseur.)

Quoi qu'il en soit, l'année prochaine, je ferai bien attention à choisir la bonne « bonne résolution », pas celle qui me fera culpabiliser, pas celle que je ne pourrai jamais tenir.

L'année prochaine, et donc dès janvier (ça va venir vite maintenant...), je renonce de façon radicale à l'usage intempestif de la tronçonneuse, de l'élagueuse électrique sans fil et du souffleur de feuilles.

CONSEIL N° 27

Marchons, marchons

CONSEIL N° 27

Si Emmanuel Macron a réussi dans un domaine, c'est bien dans celui de la marche à pied. Souvenez-vous, le parti politique qu'il a créé en 2016 et qui lui a permis d'accéder à la présidence de la République avait pour nom « En Marche ». Ce n'est pas un hasard. La marche, c'est ce qui permet d'avancer pas à pas, c'est celle qu'il ne faut surtout pas rater. La marche, c'est ce qui, en même temps, réunit la gauche et la droite.

N'hésitez pas à faire l'expérience : avancez un pied – disons, le gauche – et posez-le au sol. Tout de suite après, presque sans y penser, mettez en avant le pied droit. Vous y êtes ? Renouvelez l'expérience de manière alternative et continue, gauche-droite, gauche-droite, et vous atteindrez de la façon la plus naturelle qui soit ce qui n'est pas exagéré d'appeler la meilleure façon de marcher. C'est vrai, objectivement, on n'a jamais fait mieux. (À l'occasion, consultez mon « tuto » déjà vu des centaines de milliers de fois sur Internet : « Je marche à pied ».)

À l'hiver 2022, le président de la République

a passé, si j'ose dire, la vitesse supérieure. La marche a été, de manière prépondérante, constamment favorisée, stimulée, et c'est ainsi que la France, quasiment dans son entièreté, a renoué avec ce mode de locomotion ancestral, en position debout, ayant toujours un point d'appui en contact avec le sol, en l'occurrence la rue, afin de protester contre la réforme des retraites et particulièrement le relèvement de l'âge du départ à la retraite.

Tous les manifestants ont d'ores et déjà acquis une belle victoire. En marchant contre la politique du gouvernement, ils ont directement agi sur leurs appareils circulatoires et locomoteurs. Ils ont réussi à réduire le risque de maladies du cœur et d'accidents vasculaires cérébraux. Ils ont fait baisser leur tension artérielle. Ils ont diminué leur taux de cholestérol sanguin. Par ailleurs, et ce n'est pas une mince avancée, ils ont augmenté leur densité osseuse, ce qui leur aura permis de prévenir l'ostéoporose. Oui, marcher contre la réforme des retraites, c'est forcément agir de manière concrète, physique, pour une meilleure vie de retraité, et, quelle que soit l'issue de ces manifestations, le succès est déjà immense pour les manifestants, en colère certainement mais également en bonne santé.

Dans quelques années, la France sera remplie de magnifiques vieillards, contestataires et merveilleusement conservés.

Si le gouvernement de Mme Borne devait être amené à reculer (pas l'âge de la retraite mais sur son projet de loi), il ne faudrait surtout pas que la majorité présidentielle considère cette reculade comme un échec, une déconvenue, un revers ! Bien au contraire ! Tous les entraîneurs sportifs vous le diront : la marche à reculons améliore la stabilité, l'équilibre et la posture d'une manière générale.

La marche à reculons serait, paraît-il, idéale pour lutter contre la mauvaise posture.

CONSEIL N° 28

Révisons *Le Petit Chaperon rouge*

CONSEIL N° 28

De mon temps – oui, je sais, je parle désormais comme une personne âgée –, de mon temps, donc, le moment où l'on faisait des révisions, c'est lorsqu'on devait ingurgiter, par exemple en prévision du bac, tout ce qu'on avait oublié d'apprendre pendant l'année scolaire, occupé qu'on était par d'autres activités annexes, généralement tournage de pouces et onanisme.

Maintenant, la révision, ce n'est plus du tout ça ! La révision consiste à expurger tout ce qui, dans un livre, peut offenser. Ainsi les références au poids, à la santé mentale, à la violence et aux questions raciales vont disparaître de l'œuvre de Roald Dahl.

Dans la littérature enfantine française, si l'on cherche bien, il y aurait également matière à réviser. Prenons *Le Petit Chaperon rouge*. (J'en conviens, le verbe est mal choisi. Il ne s'agit en aucun cas d'inviter le lecteur à dominer sexuellement un classique de la littérature enfantine.)

Arrêtons-nous plutôt sur le Petit Chaperon rouge.

En 1697, Charles Perrault, sans doute en prévision des censeurs de 2023, avait fait un vrai effort pour ne pas stigmatiser le personnage principal du fait de son genre. Refusant de l'étiqueter en fonction de la façon dont il se conforme aux normes prescrites socialement, le Petit Chaperon rouge était à la fois masculin et féminin, à la fois LE Chaperon et UNE petite fille de village.

C'est un bon point. En revanche, le conte se développe en un ramassis de clichés sexistes heurtant les convictions animalistes.

La mère du Chaperon est assignée à son rôle de femme au foyer, cuisant des galettes. La rencontre dans la forêt entre le loup et la petite fille est forcément basée sur un rapport de compétition discriminatoire.

Les relations entre le Chaperon et sa grand-mère montrent une banalisation hallucinante d'un rapport incestueux.

Aussitôt la chevillette tirée, est-il tout à fait normal que le Petit Chaperon rouge, sans sourciller, sans même s'étonner, se déshabille docilement pour se coucher auprès de son aïeule ?

CONSEIL N° 28

Que penser de la stigmatisation systématique des particularités physiques que le Petit Chaperon rouge note avec une insistance qui fait froid dans le dos, se croyant autorisée à souligner la grandeur des bras, des jambes, des oreilles, des yeux, des dents du loup ?

Vous vous souvenez de la conclusion de cette sombre affaire : « ... le méchant loup se jeta sur le Petit Chaperon rouge et la mangea. »

Comment aurait pu se terminer autrement une aussi sombre affaire ?

Discriminations de toutes sortes, sexisme, inceste... Le conte ne pouvait se conclure que dans une violence bestiale inouïe, une férocité sanguinaire atroce.

Non, ne révisons pas *Le Petit Chaperon rouge*. Interdisons-le !

CONSEIL N° 29

Le soir, pour bien dormir, mangeons léger

« Allô, ponchour, qui est à l'appareil ?

— C'est Emmanuel Macron.

— Connais pas ! *Auf wiedersehen*…

— Attendez ! Ne raccrochez pas, monsieur Hitler ! C'est normal que vous ne me connaissiez pas. Je suis président de la République française, mais depuis quelques années seulement.

— Ah pon… Ze n'est plus monzieur Pétain ?

— Mais non, pensez-vous, monsieur Hitler ! M. Pétain est mort depuis longtemps…

— Z'est normal, remarquez, cheu l'ai touchours connu fieux… Que me foulez-fous ?

— Je voulais discuter avec vous parce que je trouve que c'est important qu'on puisse se parler directement. Alors, je me présente, je suis jeune, sympathique… D'ailleurs, je propose qu'on se tutoie, toi et moi, et qu'on s'appelle par nos prénoms – moi c'est Emmanuel. Et vois-tu, Adolf, je pense que tu as vraiment beaucoup de qualités… À ce sujet, je voulais te dire que j'ai pu admirer plusieurs de tes aquarelles et je voulais vraiment te féliciter : tu as un sacré coup de pinceau, tes paysages de sous-bois, de rivières... Tout ça, c'est très beau, vraiment, très apaisant...

— Che te remercie, Emmanuel...

— Mais je t'en prie, Adolf, c'est sincère, mais, tu vois, entre amis, je trouve qu'il faut tout se dire, et pardonne-moi si je suis un peu trop frontal, mais je trouve que tu es un tout petit peu soupe au lait sur les bords ! Et du fait de ce petit trait de ton caractère – que je ne te reproche pas, attention, chacun a ses petits défauts –, parfois, ça fait monter un petit peu les tensions entre les pays, et moi je m'engage vraiment pour qu'on puisse continuer à se parler, même quand on n'est pas tout à fait d'accord, et malgré un certain nombre de déconvenues, ma détermination pour maintenir le dialogue est intacte...

— D'accord, Emmanuel, che te rappelle demain pour parler de tout ça. Là, che foudrais enfahir la Pologne, et puis, enzuite, zupprimer tout le peuple chuif.

— OK, OK, bien sûr, on a tous des occupations. Moi, j'ai un rendez-vous avec Pol Pot qui doit me donner sa recette d'amok à la cambodgienne. Tu vois, chacun ses obligations, mais on se rappelle demain. Merci beaucoup et à demain mon Adolf ! »

Le président de la République sortit de son lit avec un mal de crâne carabiné et vida un sachet de citrate de bétaïne dans un verre d'eau.

« Tu devrais manger plus léger le soir si tu ne veux pas faire de cauchemars », conseilla Brigitte, son épouse.

Le président ne répondit pas et, maussade, se fit couler un bain.

Encre

CONSEIL N° 30

Vivons en poésie !

CONSEIL N° 30

Journaliste, pigiste ou simple chroniqueur
On reçoit chaque mois un mail du directeur

(Alexandre Lacroix) rappelant qu'il lui faut

Incessamment sous peu, au plus vite, au plus tôt

En vue de la sortie du prochain numéro

Recevoir les papiers, chroniques, éditos.

Et chaque fois, j'avoue, le jour de la remise

Comme un piètre écolier dont la fainéantise

Complique le destin, embarrasse la vie

Je honnis amèrement ma torpeur infinie

Qui m'empêche de rendre et en heure et en temps

Ce travail qui me vaut quelques émoluments.

Chaque fois je ressens et les mêmes regrets

Et les mêmes remords en mon cœur affairé :

Si j'avais commencé hier à gamberger

À tenter de trouver une amusante idée

Je ne serais pas là tandis que le temps passe

Cherchant l'inspiration, perdu, à la ramasse.
Mais c'est ainsi, j'avoue : je glandouille, lézarde,
Je diffère et lambine, je traîne, je musarde
Jusqu'au jour terrifiant, terrible où je reçois
Le mail jupitérien d'Alexandre Lacroix.
Enfin par quel prodige, enfin par quel miracle
Vais-je encore une fois escalader l'obstacle ?
Vais-je encore une fois prendre un sujet sinistre
Tenter de le traiter en changeant de registre
De le rendre un peu plus, peut-être pas joyeux,
Mais un peu moins morose, un peu moins douloureux.
Cette fois je n'en ai ni le cœur, ni l'envie
Je ne suis pas d'humeur alors me suis-je dit
Faisons des vers, voilà, simplement taquinons
La muse si jolie qui danse en tourbillons.
Fêtons l'alexandrin et si je ne dis rien
Au moins tenterai-je… bah, de le dire bien.

CONSEIL N° 30

Injectons dès qu'on peut un peu de poésie
Pour mettre des couleurs sur le gris de la vie.
Ce matin au feu rouge à un chauffard crispé
Tandis que je risquais de me faire écraser
J'ai crié : « Ah ! Monsieur ! Vous n'êtes qu'un tocard
Un triste foutriquet, un dangereux connard
Je vous ferai bouffer votre permis à points
Sur votre gueule obscène j'assènerai mon poing ! »
Quand le monde devient prosaïque, grossier
Convoquons Apollon, sollicitons Orphée
Quand le monde est à feu, à sang et en furie
Sacrifions le trivial, vivons en poésie !

CONSEIL N° 31

Supprimons l'humanité

Faut-il jeter le bébé avec l'eau du bain ? *A priori*, non. Jeter l'eau, ça oui ! C'est même bienvenu, surtout si elle est sale, surtout si elle est souillée, évacuez-la, selon votre système de déversement des eaux usées, mais, en général, il est déconseillé de jeter le bébé avec. C'est même, je crois, interdit par la loi. Il faudrait vérifier les textes – je ne suis pas juriste –, mais je pense ne pas dire de bêtise en précisant que jeter un enfant est passible de sérieux ennuis, notamment judiciaires. Si, en plus, ce bébé n'est pas le vôtre et que les parents d'icelui sont chicaniers, voire procéduriers (voire vétilleux, voire pinailleurs), vous vous exposez à des complications toujours assez déplaisantes.

Pourtant, dès qu'il y a un scandale quelque part – un politicien véreux, un militaire pourri, un policier malhonnête, un prêtre violeur... –, il y a toujours un commentateur pour dire qu'il ne faut pas confondre le politicien avec le personnel politique, le militaire avec l'armée, le policier avec la police, le prêtre avec le clergé, ma grand-tante avec Eddy Mitchell

et nous rappeler qu'en aucun cas il ne faudrait jeter le bébé avec l'eau du bain.
(Il se trouve que j'avais une grand-tante qui avait des faux airs d'Eddy Mitchell, c'est une information intéressante mais qui, je le reconnais, a peu à voir avec le sujet de cette chronique.)

Le bébé gazouille, fait joujou avec son canard jaune, il est bien, il fait areuh, il fait baba. Il s'étire, prend ses aises, fait même un peu pipi dans l'eau, et s'il avait les mots pour le dire et qu'on lui posait la question, il exprimerait sûrement le vœu de sucer une tétine, de boire un biberon, de se pelotonner dans les bras de ses parents mais en aucun cas d'être jeté.
(Il suffisait d'entendre ma grand-tante pousser des vocalises pour se rendre compte qu'elle n'avait rien à voir avec le soliste des Chaussettes noires qui n'a jamais inclus les *Roses blanches de Corfou* dans son répertoire.)

Il y a malgré tout une situation où il semble naturel de jeter le bébé, c'est quand il est étranger. Lorsqu'un fait divers est signé par un ressortissant étranger, qu'il soit délinquant ou schizophrène, il se trouve toujours un commentateur, et même souvent plusieurs, régulièrement de plus en plus nombreux, pour demander instamment à ce que l'on renvoie tous les étrangers chez eux, même ceux qui ne sont ni délinquants ni schizophrènes.

Il se trouve toujours des exaltés pour réclamer de jeter le bébé avec l'eau du bain. Pour nettoyer vraiment le pays (habilement, je file la métaphore du bain...), il faudrait renvoyer tous les étrangers mais aussi tous les autochtones quand le délinquant, le schizophrène, est un natif, car je fais remarquer qu'il existe aussi des assassins indigènes.

Le pays serait vraiment sûr s'il n'était habité par personne, ni par des étrangers, ni par des autochtones, ni par des bébés, ni par des vieillards. Ce qui rend le monde peu sûr, c'est l'humanité, si diverse et si semblable, incluant à la fois Eddy Mitchell et ma grand-tante bien-aimée, aujourd'hui décédée.

Supprimons donc l'humanité, nous vivrons en paix.

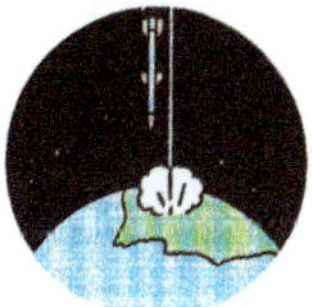

CONSEIL N° 32

Adoptons un mot abandonné

CONSEIL N° 32

C'est un phénomène qui fait rarement la une des journaux, un de ces scandales sournois auxquels on finit par s'habituer par indifférence ou par renoncement. Pourtant, chaque année, des milliers de mots sont abandonnés. Des mots perdus sans colliers...

Insouciants, ils ont vécu pendant des années, parfois des siècles, se croyant indestructibles, éternels, puis, presque du jour au lendemain, ils ont disparu de nos phrases, de nos conversations les plus quotidiennes. Des mots jugés trop vieux, dépassés ou inutiles sombrent dans le néant, remplacés par des expressions invasives, intrusives et proliférantes. Il s'agit d'un phénomène général que chacun peut constater.

« Du coup » a massivement remplacé « en conséquence », « ultérieurement », « postérieurement », « nonobstant », « subséquemment », et j'en oublie.

Le snob a remplacé le mirliflore, le connard a supplanté le paltoquet, la connerie la pasquinade et le déconneur le songe-malice.

Certains, les plus chanceux, réussissent quand même à trouver refuge dans des ouvrages savants, des œuvres érudites, des travaux universitaires. Mais jusqu'à quand ? Et puis, imaginez le désarroi de ces mots abandonnés sur le bas-côté de la nivelante modernité quand, après avoir gambadé dans des discussions sans fin, des joutes endiablées, des échanges passionnés, des débats enflammés, des douces causeries, des délicieux conciliabules, ils se retrouvent sacrifiés, exclus, répudiés, passant du statut envié de poules élevées en plein air à celui, plus austère, de rats de bibliothèque.

Heureusement, il y a le *Dictionnaire des mots obsolètes* (*Larousse*). Comme il existe des parcs destinés à la conservation des espèces animales, l'ouvrage rédigé par Alain Duchesne et Thierry Leguay est une sorte de réserve jouant un rôle essentiel dans la conservation et la gestion de la biodiversité terminologique. C'est ni plus ni moins une Société protectrice des mots (SPM) où les personnes particulièrement sensibilisées à la douleur lexicale viennent recueillir un mot perdu, lâchement abandonné.

CONSEIL N° 32

Oui, il est temps de lutter contre l'abandon des mots. Ce n'est pas une priorité gouvernementale, la mesure a donc des chances d'être mise en œuvre. Il doit s'agir d'un combat quotidien, individuel et collectif. Chacun de nous peut recueillir un de ces mots qui risquent de mourir à jamais. Il suffit de le prendre en charge, de lui redonner confiance, de le soigner, de l'éduquer, de le vacciner, de le socialiser. En le mettant en relation avec d'autres mots plus établis, il pourra s'ébrouer à nouveau, se rendre indispensable, tout simplement revivre. Un couple de chats peut donner naissance à vingt mille descendants en quatre ans. Imaginez le nombre de phrases, de textes, de slogans, de concepts que tous ces mots ne demandant qu'à vivre peuvent engendrer à nouveau.

Faisons en sorte que plus un seul mot ne se retrouve abandonné. Il y va de l'avenir de nos échanges.

Les auteurs

Comédien formé à l'École de la rue Blanche, **François Morel** débute sa carrière en incarnant Monsieur Morel dans *Les Deschiens* pendant sept ans. Depuis, il poursuit une carrière de metteur en scène, de comédien pour le théâtre et le cinéma, mais aussi de chanteur et parolier.

Depuis dix-sept ans, il crée ses propres spectacles : notamment *Bien des choses* avec Olivier Saladin, *Collection particulière* mis en scène par Jean-Michel Ribes, *Instants critiques* avec Olivier Saladin, Olivier Broche et Lucrèce Sassella, *La fin du monde est pour dimanche* mis en scène par Benjamin Guillard... Il crée en 2021 son dernier spectacle *Tous les marins sont des chanteurs* avec Gérard Mordillat, Romain Lemire, Antoine Sahler, Amos Mah et Muriel Gastebois.

Le disque *La Vie (titre provisoire)* reçoit le Grand Prix de l'académie Charles-Cros en 2017. Il reçoit en 2019 le Molière du meilleur comédien dans un spectacle de théâtre public pour *J'ai des doutes* ainsi que le Prix humour de la SACD.

François Morel a écrit avec son fils Valentin *Le Dictionnaire amoureux de l'inutile*, sorti chez Plon.

Le recueil des chroniques de France Inter sort tous les deux ans chez Denoël.

Depuis 2009, il assure une chronique hebdomadaire sur France Inter le vendredi matin intitulée *Le Billet de François Morel*.

Alain Pilon vit à Montréal. Après des études en design graphique à l'université du Québec, il se consacre entièrement à l'illustration. Artiste versatile, il maîtrise aussi bien le collage façon dadaïste que le dessin à l'encre influencé par la bande dessinée classique. Dans ses dessins se distingue un humour précis et surréaliste où l'incongru le dispute à l'absurde.

On a pu voir son travail dans des publications américaines, canadiennes et françaises, notamment dans *The New York Times, The New Yorker, Elle, Le Monde, Philosophie magazine.*

Il a reçu de nombreux prix, dont l'American Illustration Annual, Society of Illustrators, Design Annual ou National Magazine Awards.

Table des matières

Cet ouvrage a été achevé d'imprimer
par l'Imprimerie CPI en août 2024
Numéro d'impression : 2078923
Dépôt légal : août 2024
Imprimé en France